Como nadie es
perfecto...
¿Cuán **Bueno**
es suficiente bueno?

Andy Stanley

Publicado por
Editorial Unilit
Miami, Fl. 33172
Derechos reservados

© 2003 Editorial Unilit (Spanish translation)
Primera edición 2003

© 2003 por Andy Stanley
Originalmente publicado en inglés con el título:
How Good Is Good Enough? por
Multnomah Publishers, Inc.
204 W. Adams Avenue
P. O. Box 1720
Sisters, Oregon 97759 USA

Todos los derechos de publicación con excepción del idioma inglés
son contratados exclusivamente por GLINT, P. O. Box 4060, Ontario,
California 91761-1003, USA.
(All non-English rights are contracted through: Gospel Literature
International,
PO Box 4060, Ontario, CA 91761-1003, USA.)

Ninguna parte de esta publicación podrá ser reproducida, procesada
en algún sistema que la pueda reproducir, o transmitida en alguna
forma o por algún medio electrónico, mecánico, fotocopia, cinta
magnetofónica u otro excepto para breves citas en reseñas, sin el
permiso previo de los editores.

Traducido al español por: Nancy Pineda
Fotografía de la cubierta por: PHOTODISC y CORBIS

A menos que se indique lo contrario, las citas bíblicas se tomaron de
La Santa Biblia Nueva Versión Internacional. © 1999 por la Sociedad
Bíblica Internacional.
Usada con permiso.

Producto 495340 (Rústica)   Producto 495323 (Tela)
ISBN 0-7899-1190-6   ISBN 0-7899-1157-4

Impreso en Colombia
Printed in Colombia

A Helen Waldrep

Contenido

Primera parte
¿Cómo llegas allí desde aquí?

1. Todo está bien 11
2. Una suposición peligrosa. 17
3. «Dios es grande, Dios es bueno» 23
4. Se necesitan más datos 31
5. ¿No sabía ella? 39
6. La curva de la calificación 45
7. Mentiroso, mentiroso 49
8. Los tipos malos terminan primero 55

Segunda parte
La alternativa

9. La historia larga, corta 65
10. Un asunto de justicia 77
11. La más justa de todas 87
    Notas 93

Primera parte

¿Cómo llegas allí desde aquí?

Se cuenta la historia de un maestro de la escuela dominical que tenía el cometido de explicar a los niños de seis años de edad de su clase lo que alguien tenía que hacer a fin de ir al cielo. En un intento de descubrir lo que los niños ya creían acerca del asunto, les hizo algunas preguntas.

—Si yo vendiera mi casa y mi auto en una gran venta de garaje y donara todo mi dinero a la iglesia, ¿me ganaría la entrada al cielo?

—¡NO! —contestaron los niños.

—Si limpiara la iglesia todos los días, cortara el césped y guardara todo con cuidado y orden, ¿me ganaría con *eso* la entrada al cielo?

—¡NO! —respondieron de nuevo.

—Pues bien —dijo el maestro—, si fuera amable con los animales, les diera caramelos a todos los niños y amara a mi esposa, ¿ganaría la entrada al cielo?

—¡NO! —gritaron de nuevo todos los niños.

—Entonces, ¿cómo *puedo* entrar al cielo?

Un niño de la última fila se paró y gritó:

—¡USTED TIENE QUE ESTAR MUERTO!

Bien muerto

Aquí radica el problema: Tienes que estar muerto para ir al cielo. Por consiguiente, también tienes que estar muerto para conocer mucho acerca del lugar.

La gente que parece más segura de cómo es el cielo es la que dice que murió y regresó para hablar de esto... y escribir libros número uno en venta sobre el tema. He leído un par de esos libros, y he escuchado a un par de los que «regresaron» que entrevistaron por la televisión. Sus historias son interesantes. Sin embargo, nunca dan una respuesta directa a las preguntas que hacemos todos: «¿Cómo llegaste allí? ¿Qué podemos hacer desde este lado de la muerte para asegurarnos un lugar en el cielo?».

La mayoría está de acuerdo en que la muerte es un prerrequisito, pero hasta ahí estamos de acuerdo y comienza la especulación. En estas páginas vamos a echar un vistazo a una antigua pero popular teoría respecto a quién va al cielo. Digo antigua porque la idea ha estado rondando desde el comienzo de la civilización. En términos de popularidad, es lo que apoya la mayoría de las religiones.

Entonces, ¿por qué me tomé la molestia de escribir acerca de esto? Porque a pesar de su inmensa popularidad y su gran tradición, no tiene una pizca de sentido.

En serio. Hombres y mujeres inteligentes, con educación y competentes de casi toda nación de la tierra depositan sus eternidades en una teoría que no tiene validez siquiera bajo el más ligero escrutinio.

¿Por qué? Pues bien, no estoy seguro. Me imagino que todo el mundo está preocupado por ganarse la vida, enamorarse, tener hijos y cualquier otra cosa que estén haciendo. Nadie tiene tiempo para pensar en el cielo. Así que no lo hacen.

El gran igualador

Sin embargo, de vez en cuando nos enfrentamos con nuestra mortalidad. Cuando esto sucede, nos aferramos mentalmente a *algo* que nos dé la seguridad. Para la mayoría de las personas en esta esfera rodante de minerales y tierra, la seguridad se encuentra en una suposición que nunca han probado. Y esto les da la confianza que ellos necesitan para volver a saltar dentro del juego de la vida.

Por lo tanto, ¿cuál es esta suposición tan internacionalmente extendida?

La gente buena va al cielo.

La lógica fluye algo así como esto: Existe un Dios bueno que vive en un lugar bueno reservado para la gente buena. Este Dios adopta muchos nombres. Está detrás de todas las religiones principales del mundo. Por consiguiente, todas las religiones importantes, y tal vez las menos importantes, ofrecen un legítimo camino a Dios y, por lo tanto, al cielo. El criterio para llegar a este lugar bueno es ser bueno. Cada religión tiene su propia definición para *bueno*. No obstante, lo que todas tienen en común es que los hombres y las mujeres deben hacer ciertas cosas y no deben hacer ciertas cosas, a fin de asegurarse ellos mismos un sitio en este lugar bueno con un Dios bueno.

¿Tiene sentido?

En realidad, ni una gota de sentido. Es más, si eres lo suficiente inteligente para leer este libro, tú eres lo suficiente inteligente para descubrir sin mi ayuda los problemas con el punto de vista de *la gente buena va*. A lo mejor, en verdad tú nunca lo has pensado del todo. Sin embargo, debes hacerlo por tu propio bien.

Me imagino que te tomará unas dos horas leer este libro. A decir verdad, no es mucho pedir que inviertas dos horas de tu tiempo para considerar dónde pasarás la eternidad. Así que busca una cómoda silla y prepárate para lo que puede ser un incómodo descubrimiento.

Capítulo 1

TODO ESTÁ BIEN

Si eres como la mayoría de las personas, crees que todo el mundo vive para siempre en algún lugar, tu alma va a alguna parte. La mayoría de los estadounidenses cree en el cielo. Un pequeño porcentaje cree en el infierno. En otras partes del mundo, la creencia que prevalece es que el alma regresa para otra vuelta: comenzamos de nuevo como alguna otra persona (o algo).

A pesar de todas sus diferencias y peculiaridades, las religiones de este mundo tienen un común denominador: La forma en que vives tu vida en esta parte de la tumba determina lo que pasa a continuación. El concepto que occidente tiene es que toda la gente buena va al cielo. En otras partes del mundo, la gente buena regresa incluso mejor que antes, o al menos con la oportunidad de convertirse en mejores personas.

Piensa en esto

He aquí algo en qué pensar: Si Dios se te apareciera y te preguntara: «¿Por qué debo dejarte entrar al cielo?», cómo responderías? Si eres como la mayoría de la gente, quizá tu respuesta siga este curso:

«Siempre he tratado de...»

«Yo nunca...»

«Hago lo mejor que puedo...»

Ya sea que hable con musulmanes, hindúes o cristianos, la mayoría de las respuestas que recibo a esta pregunta vuelve a un intento del individuo por vivir una vida buena. ¿Por qué? Porque la mayoría cree que la gente buena va al cielo. ¿La moraleja? Pórtate bien ahora y en realidad no tendrás necesidad de preocuparte demasiado por lo que pasa a continuación. Se acabó. Ahora volvamos al trabajo, al golf, a las Ligas Menores, a la Asociación de Padres y Maestros... los asuntos apremiantes de la vida.

Empaquetado y listo

Entonces, sin embargo, de vez en cuando ocurre algo que te obliga a considerar con seriedad el asunto de lo que está a continuación: un funeral, una preocupación por la salud, un cumpleaños, un vistazo al espejo. No te gusta pensar en esto. Incluso, casi nunca hablas acerca de esto. Aun así, siempre está presente. Y mientras más años tienes, más a menudo descubres que viene a tu mente.

El hecho es que la tasa de mortalidad para los humanos es de ciento por ciento. Y eso te molesta. A pesar de que crees que *hay* algo mejor del otro lado de la vida, no estás en paz. Y por una buena razón.

Ya ves, por muy bueno que tú seas, y tú eres bastante bueno, no estás *en verdad* seguro si eres lo suficiente bueno. Así lo esperas. Y sin duda eres mejor que... bueno... que ciertas personas que conoces.

Sin embargo, ¿cuán bueno es suficiente bueno?

¿Dónde está la línea? ¿Quién es la norma? ¿Dónde estás parado ahora? ¿Te queda bastante tiempo para guardar en un lugar seguro suficientes acciones buenas a fin de que contrarresten las malas?

Y cuando estamos haciendo preguntas, yo seguiré y lanzaré una que quizá te hayas hecho, pero que temes expresar: ¿*Quién* está a cargo de esta operación? ¿Dios? Si ese es el caso, debería tener un poco más claro cómo funciona todo esto. Si nuestra residencia eterna pende en la balanza basada en cómo vivimos, nosotros sin duda haríamos algo con cierta orientación. Una norma. Uno o dos indicadores de kilómetro. Quizá un examen parcial.

«Aunque espera», dices, «¿no es el trabajo de la religión contestar estas preguntas por mí?» Seguro. La mayoría de las diversas religiones del mundo y sus libros existen para contestar esas preguntas. Todos los maestros, predicadores, ulemas, rabinos, sacerdotes, lamas están en el negocio de llevarnos con seguridad al otro lado. En especial, tienen la responsabilidad de ayudarnos a ti y a mí a comprender cómo vivir de tal manera que nos asegure un final feliz.

Entonces, ¿por qué estás todavía inseguro? Tú has ido a la iglesia. A lo mejor fuiste a unas pocas clases de religión cuando eras niño. Y aun así, si eres como la mayoría de la gente con que hablo, todavía no estás seguro de cuál es tu posición con Dios.

Descubrí por casualidad una cita de Gandhi que subraya la universal incertidumbre asociada con la creencia religiosa. Cuando le cuestionaron por qué hacía proselitismo en la arena política y no en la religiosa, respondió: «En el campo de lo político, social y económico tenemos la suficiente certeza para convertir; pero en el campo de la religión no hay bastante seguridad para convertir a nadie y, por lo tanto, quizá no haya conversiones en las religiones»[1]. Ahora bien, esto ayuda, ¿no es así? Ni siquiera Gandhi encontró seguridad en la religión.

Vamos a la casa de la abuela

Hace varios años mi esposa, Sandra, entró a nuestra cocina, se sentó en una silla y anunció que deseaba hacer un viaje especial a su pueblo natal con el expreso propósito de hablarle a su anciana abuela, Helen, acerca de la eternidad. Yo me sorprendí. En ese tiempo Helen tenía casi noventa años. Creció yendo a la iglesia metodista de la localidad. Hasta que su salud se convirtió en un problema, casi nunca faltaba un domingo. Era mejor que la persona promedio. Sin duda, *buena* para la norma de cualquiera.

«¿Qué te llevó a esto?», pregunté.

«No estoy segura», dijo Sandra. «No sé cuánto tiempo estará con nosotros y nunca he hablado con ella acerca de Dios, ni del cielo, ni de nada de eso». Para la mayoría de las personas que conocen a Helen, su destino final sería lo menos que les preocuparía. Si la gente buena va al cielo, ella sería una de las primeras. Sin embargo, Sandra saltó al auto y condujo dos horas y media para conversar con su abuela.

Helen sabía que venía ella. Sandra llegó con el pretexto de hacer galletitas. Y después de unos treinta minutos de cháchara, introdujo la pregunta. Ella dijo: «Abuela, nunca antes hemos hablado del cielo. ¿Estás segura de que cuando mueras irás al cielo?».

Con grandes lágrimas en los ojos Helen respondió esa pregunta de la manera que lo hace la gente *buena* promedio. Dijo: «Eso espero, cariño».

¿«Eso espero»? ¿Noventa años de una vida buena, de permanecer junto a su esposo moribundo hasta el fin, de servir a la comunidad, de amar a sus nietos, de pagar sus contribuciones, de conducir a la velocidad establecida y ella *esperaba* ir al cielo?

Si Helen no podía dormir con la paz de saber que las cosas entre ella y su creador estaban bien, no estoy seguro de quién puede hacerlo. Si Helen no estaba segura, nadie puede estar seguro.

Entonces, ¿por qué es que incluso la gente *buena de verdad* en el mejor de los casos «esperan eso»? Te diré por qué. Porque nadie puede decirte cuán bueno tienes que ser para ir al cielo.

Nadie.

¿No me crees? Saca el directorio telefónico y comienza a llamar a los líderes religiosos de tu comunidad. Obtendrás gran cantidad de información, pero cuando las palabras al final dejan de fluir, regresarás a «Eso espero».

Capítulo 2

Una suposición peligrosa

Una cosa que no me preocupa es despertarme en una habitación llena de humo con poco o ningún tiempo para escapar. ¿Quieres saber por qué? Porque tengo cuatro alarmas de humo.

Así es, *¡cuatro!* Estoy *muy* seguro. ¿Sabes qué otra cosa tengo? Dos extintores. Uno en la cocina y otro en el dormitorio principal. Entre nuestras alarmas y nuestros extintores de fuego, no tenemos por qué preocuparnos en cuanto al fuego. Estamos seguros. A menos que, por supuesto, nuestro constructor olvidara poner baterías en los detectores de humo. Si ese es el caso, podríamos también tener un par de platos voladores pegados a nuestros cielos rasos.

A propósito, ¿cuándo fue la última vez que probaste los detectores de humo? Nunca he probado los míos. A veces los miro fijo y me pregunto por qué el instalador no los alineó con las luces empotradas. Sin embargo, no sé si en realidad funcionan. La compañía que instaló mi alarma me dijo que mis detectores de humo estaban conectados al sistema de alarma. Asentí como dando a entender que comprendía de lo que estaban hablando. Con frecuencia me he preguntado por qué hicieron eso. Me imagino que si el ladrón entra por la fuerza y los detectores de humo suenan, el ladrón se engañe al pensar que la casa arde en fuego. O algo así por el estilo.

Y hablando de esos extintores de fuego: Por lo que sé, están llenos de crema de afeitar. Un amigo mío me dijo que debía probarlos. Es probable que tenga razón. Aun así, nunca me he tomado la molestia de hacerlo. Tal parece que soy descuidado. Sin embargo, a pesar de mi falta de investigación, cada noche me voy a la cama con la suposición de que mi familia y yo estamos seguros del fuego.

Asimismo, la mayoría del mundo se va a la cama con la suposición de que si muere mientras duerme, se encontraría de pie en las puertas cubiertas de perlas. Al fin y al cabo, la gente buena va al cielo. Y casi todo el mundo piensa que ellos son buenos.

Suposiciones sin comprobar

Nunca me he encontrado con alguien que se pasara siquiera un poco de tiempo comprobando la suposición de que la gente buena va al cielo. Y puedo comprender el porqué. La mayoría de nosotros estamos demasiado ocupados para sentarnos y tratar de desenmarañar los misterios del universo. Y, más concretamente, tiene sentido que la gente buena vaya al cielo.

La lógica detrás de *la gente buena va al cielo* es en apariencia impenetrable por dos motivos. Primero, es justo. Por justo, quiero decir que la gente que hace lo bueno merece cosas buenas. Si te va bien en la escuela, te pasan al siguiente grado. Si te va bien en las pruebas, entras a formar parte del equipo. Si te va bien en el trabajo, recibes aumentos de sueldo y promociones. Ser recompensado por tus esfuerzos es parte de nuestra experiencia y expectativa humana, de modo que tiene sentido que esta dinámica proviniera de Dios. Al fin y al cabo, esta relación de causa y efecto está ilustrada en todas las principales corrientes de la literatura religiosa. La Biblia, el Corán y el Libro del mormón relatan el afán de Dios por recompensar la buena conducta en la vida. Por lo tanto, solo parece justo que si haces las cosas bien en esta vida, irás al cielo.

Segundo, coincide con la idea de que existe un Dios bueno. Si hay un Dios bueno, y si mora en un buen lugar, tiene sentido que Dios llene el cielo con gente buena. Si el cielo estuviera lleno de gente «mala», no sería el cielo. Un Dios bueno en un buen lugar parece el destino ideal para la gente buena.

Todo el mundo gana

Además de que este punto de vista apela a nuestro sentido común, es bueno para la sociedad. Mantiene a todo el mundo en su mejor comportamiento, o al menos debe mantenerlo. Si solo va la gente buena, ¡tú tienes que ser el mejor! Ofrece un viaje a Walt Disney World como estímulo por un buen comportamiento, e incluso el más problemático de los chicos hará acopio del autocontrol necesario para ganar sus orejas. Si crees que el cielo está en juego, dependiendo de si eres o no bueno, es muy probable que vayas a hacer lo bueno.

Sin embargo, lo mejor de esta manera de pensar es que te garantiza un lugar en el cielo. Reúnes los requisitos, ¿verdad? Eres lo suficiente bueno para ir al cielo. Lo sé, lo sé. No eres perfecto. Para la mayoría de nosotros, no es necesario que asumamos esa responsabilidad... nadie me ha acusado de ser perfecto. Sin embargo, al mismo tiempo, te sientes como si estuvieras lo suficiente cerca de ganar el cielo.

O quizá no piensas que reúnes los requisitos. Tal vez escogiste este libro porque crees que la gente buena va al cielo y tú no eres uno de ellos. Si ese es el caso, puede que desees avanzar al siguiente capítulo. Sin embargo, la verdad es esta: muy pocas personas que creen en la vida después de la muerte sienten como si no fueran a ir a un buen lugar.

En una encuesta reciente, se le preguntó a la gente si creía en el cielo y en el infierno. Casi noventa por ciento de los estadounidenses dijo que creía que existía el cielo, mientras que solo treinta por ciento creía en el infierno como un lugar verdadero. Y casi nadie de los que creían en el infierno pensaba ir allí. En ese caso, quizá debamos retirarnos al comedor para beber algo y cenar. Parecería que todos estamos fuera de peligro. La gente buena va al cielo, y ningún punto de vista contrario es indefendible.

¿Qué otros puntos de vista serían posibles? ¿Quizá *la gente mala va al cielo*? ¡Inconcebible! Cada religión principal del mundo acepta la idea de que nuestros actos aquí en la tierra determinan nuestro destino en el más allá. *Todos* los expertos no pueden estar equivocados. ¿O sí?

Capítulo 3

«Dios es grande, Dios es bueno»

Quizá Dios sea bueno, pero la vida no siempre es buena. Es más, la vida es la principal razón por la que la gente lucha con la idea de un Dios bueno.

Si Dios es bueno, ¿por qué _____?

Tú mismo puedes llenar el espacio en blanco. Si Dios es lo suficiente poderoso para llevar a la gente buena al cielo, ¿por qué no se preocupa más de nosotros en la tierra?

Sin duda ya has escuchado a alguien hacer esta pregunta. Es probable que tú mismo te lo preguntaras en alguna ocasión. Tengo otra para ti. ¿preparado?

Si Dios es tan bueno, ¿por qué no hizo un mejor trabajo al declararnos sus expectativas a fin de que no tengamos que pasarnos toda la vida preguntándonos dónde estamos parados? Si la gente buena va al cielo, un Dios bueno debe habernos comunicado eso directamente a nosotros. En su lugar, tenemos líderes religiosos de todas las formas, medidas y creencias que dicen conocer la fórmula. El problema, por supuesto, es que todos ellos tienen una fórmula diferente.

En este punto, existe siempre la tentación de simplificar demasiado las cosas y decir algo así: «Pues bien, todas las religiones son básicamente lo mismo». Es posible que básicamente. Sin embargo, una vez que te sintonizas a los detalles específicos, están a millas de distancia. Incluso, no están de acuerdo en una sola disciplina. Lee la historia del islam. Compara los mensajes que tú escuchas en una iglesia católica a los que se dicen en la iglesia bautista. Compara las enseñanzas de los rabinos judíos de la Edad Media a lo que dicen ahora. Cuando se va a lo específico, la religión está por todas partes. Y por mucha mentalidad abierta que trate de tener, todo el mundo *no puede* tener la razón.

¿Por qué tal disparidad en las enseñanzas? Porque tus sospechas son fundadas. La mayoría originadas de un grupo de hombres que dicen que han escuchado a Dios y que ahora tienen el llamado de contarnos al resto de nosotros lo que Él quiere que hagamos y cómo quiere que vivamos.

En los últimos tiempos, todos hemos llegado a estar incómodamente familiarizados con ciertos grupos de fanáticos religiosos que están convencidos de que hacer estallar personas es bueno y que les asegura un lugar en el paraíso. Creo que ellos están muy engañados. Sin embargo,

¿quién soy yo para juzgar? Ellos solo siguen las enseñanzas de sus líderes religiosos. Eso es lo que hacemos la mayoría de nosotros, ¿no es así? ¿La diferencia? La aplicación. Tú crees que Dios quiere que ames a tus prójimos; ellos creen que Dios quiere que ellos aniquilen a sus prójimos.

¿Es bueno su Dios? Ellos lo creen.

¿Es bueno tu Dios? Es probable que lo pienses así.

Sin embargo, si ser bueno, a la manera que yo mido lo *bueno*, me conducirá al cielo, los terroristas no estarán allí. Al menos, no en mi vecindario.

Dios bueno, Dios malo

Ya ves, una vez que vas más allá de la apelación emocional, el punto de vista de la *gente buena va* tiene algunos problemas considerables.

El primero de todos, si la gente buena va al cielo, necesitamos una clara y coherente definición de lo que es bueno. Necesitamos una lista. Necesitamos saber qué reglas reflejan el patrón de Dios, no algo fabricado por tipos de aspecto importante en togas.

Si Dios permite que la gente buena entre al cielo, pero no se molesta en especificar qué quiere decir por *bueno*, me deja preguntando cuán bueno es Dios. Te lo ilustraré. Imagínate por un momento que te inscribiste para participar en una carrera.

Tú estás parado en la línea de partida con todos los demás corredores. Más adelante notas que la carretera se bifurca en tres direcciones. También notas que no existen carteles, banderas, ni señalizaciones. Le pides un mapa a un encargado de la carrera y te informa que no hay mapa. Y tus ojos no te engañan; no hay señalizaciones de ningún tipo que indiquen los límites de la ruta. «¿Cuál es la distancia», preguntas. El encargado de la carrera solo se encoge de hombros y responde: «Tú solo corre. Cuando cruces la meta, nosotros te lo diremos, en el caso de que la encuentres». Sin advertencia, suena el disparo de arrancada y los corredores se lanzan en una media docena de direcciones diferentes.

¿Llamarías a eso una buena carrera? ¿Te inscribirías para participar en el próximo año? ¿Le recomendarías esta carrera a un amigo?

Considera lo siguiente. Es el primer día de clases y tu profesora te informa que la nota de curso se basará por completo en cuán bien salgas en el examen final. Después anuncia que la clase ha terminado y que no habrá más clases hasta el final de curso. Horrorizado, levantas la mano y preguntas: «¿Hay un plan de estudios o lista de lecturas? ¿Va a asignar un libro de texto?».

La profesora sonríe y dice: «Nada de eso hace falta. Solo prepárate para el examen final». Y se marcha. ¿Buena maestra? ¿Recomendarías su clase?

No hace falta el programa

¿Poco realista? Seguro. No obstante, seamos sinceros. Si existe la vida más allá de esta, y donde terminarás está determinado por tu «puntuación en el examen» aquí, ¿tienes en realidad algo específico que te sirva de guía? «Ser bueno» ayuda tanto como «corre rápido».

¿Correr adónde?

Si hay un nivel de desempeño que nos garantice entrar al cielo, y Dios descuida decirnos con exactitud cuál es, ¿podemos llamarlo bueno con buena conciencia? Si es así, *bueno* asume un significado diferente por completo. *Bueno* deja de querer decir recto y justo. Significa... está bien... nosotros en realidad no sabemos qué quiere decir, ¿o sí?

No obstante, la cosa empeora.

Si hay un nivel de desempeño que nos garantice entrar al cielo, y Dios descuida decirnos con exactitud cuál es, tú no solo eres bueno, ¡tú eres mejor que Dios! Así es. Piensa en esto. *Tú* nunca le exigirías a la gente por la que sientes afecto cumplir con una norma que te negaste a revelar.

Como jefe, no les ocultarías la descripción de sus responsabilidades a tus empleados y luego los evaluarías por una norma que ellos nunca tuvieron la oportunidad de ver. Como maestro, nunca examinarías la materia que nunca impartiste. Cuando simples mortales actúan de esta manera, nos quejamos con vehemencia. Sacamos a la fuerza a nuestros niños de esas escuelas. Nos negamos a trabajar en esos tipos de compañías. Esperamos más de nuestros conciudadanos. Sin embargo, cuando se trata de Dios, de algún modo hemos crecido acostumbrados a su duplicidad. Al parecer, todo el mundo lo ha hecho.

La verdad está en nosotros

«Pero espera», dices, «quizá Dios nos *ha dado* una norma. ¿No existe un sentido inherente de lo bueno y lo malo dentro de nosotros? ¿Todo el mundo no sabe que es malo robar, matar, mentir y quebrantar los límites de velocidad?» Está bien, es posible que mejor nos quedemos con robar, matar y mentir. Y la respuesta es sí. Al menos en su mayor parte. Estoy inclinado a aceptar que este sentido general de moralidad que reside en la humanidad tiene su fuente en Dios. ¿De qué otro podría venir?

Si nosotros lo establecimos, es extremadamente difícil explicar cómo la gente de cada nación a través de la historia escrita ha seguido llegando a similares conclusiones en cuanto a lo bueno y lo malo, lo justo y lo injusto. Sin duda, parece que existe una fuente para esas normas fuera de los gustos y preferencias individuales.

La evidencia para el origen divino de esta ética universal es el hecho de que la violamos una y otra vez. Creo que es malo quebrantar la ley, pero violo de continuo los límites de velocidad. ¿Por qué creería en algo moralmente obligatorio que tenga tan poca inclinación en seguir? Extraño, ¿no es así? Es como si dos fuerzas estuvieran obrando en mí (y en ti). Para complicar más el asunto, cuando las personas rompen el límite de velocidad por mi vecindario, poniendo en peligro la vida de mis chicos de forma potencial, me siento muy enojado. Me enfado por algo de lo que yo mismo soy culpable.

Por lo tanto, ¿qué me dices de este sentido interno de lo bueno y lo malo? ¿Es suficiente para guiarte hacia un estilo de vida que gane para ti un lugar en el cielo o quizá otro viaje a través de la vida en una posición elevada?

Capítulo 4

SE NECESITAN
MÁS DATOS

Tu conciencia es una cosa interesante. Te condena cuando haces mal, pero no hace mucho en cuanto a asegurarte cuándo lo haces bien. Te recuerda que no eres perfecto, pero no te da dirección en términos de cuán perfecto necesitas ser a fin de asegurarte una reservación en el otro lado.

De eso se encarga la religión. Tu sentido interno del bien y el mal te recuerda que tienes caminos para andar. Los expertos religiosos se hacen cargo de la batuta en ese punto y tratan de ayudarte a comprender los requerimientos específicos a fin de ganar tu camino de entrada al cielo.

Piensa en esto. Si tu sentido interior del bien y el mal tiene la capacidad de darte seguridad cuando las cosas van bien entre tú y Dios, la religión no haría falta para nada. Todos sabríamos con exactitud dónde estamos parados. No necesitarías a otros hombres ni a otras mujeres que te digan lo que debes o no debes hacer; sería intuitivo. Y habría un acuerdo a través de las líneas culturales y generacionales en cuanto a lo que es bueno y malo. Sin embargo, como tú sabes, una vez que te mueves más allá de «No matarás, mentirás, ni robarás», abunda la diversidad de opinión.

En el siglo diecisiete, Giordano Bruno, un discípulo del famoso astrónomo Nicolás Copérnico, tuvo la audacia de sugerir que el espacio era ilimitado y que el sol y sus planetas no era sino uno de un número variado de sistemas similares. ¿Qué estaba pensando?

La iglesia condenó a Bruno, lo juzgaron ante la Inquisición y lo quemaron en la hoguera. ¿La *iglesia*? ¿La iglesia quemó a alguien en la pira por creer que la tierra no era el centro del universo? ¿Fue justo eso? ¿Fue eso bueno? Ellos lo creían así. Yo no. ¿Y tú?

Al célebre astrónomo Galileo le presentaron en 1633 cargos similares. Bajo la amenaza de tortura y muerte, se vio obligado a renunciar a todo lo que creía de las teorías de Copérnico. Entonces lo sentenciaron a arresto domiciliario por el resto de sus días.

Espera un minuto. Los líderes religiosos deben saberlo mejor. Dios los eligió. O quizá se alistaron como voluntarios... De todas formas, ellos son los que se suponen que ayuden al resto de nosotros a comprender cómo ganar nuestro camino al cielo.

En días recientes hemos conocido detalles de la persecución de las mujeres en las comunidades controladas por el talibán, donde un rostro sin velo trajo como resultado una golpiza. Eso parece injusto para mí, pero tal parece que para ellos no. En mi opinión, cualquier hombre que golpea a una mujer debe ser... Bueno, quizá no terminarías el libro si te dijera mi punto de vista acerca de los hombres que les hacen daño a las mujeres. Basta decir que yo veo a Dios y al bien de manera diferente a como lo hacen ellos. Uno de nosotros está equivocado.

No obstante, si Dios colocó en cada uno de nuestros corazones un sentido universal de lo bueno y lo malo que nos sirve como guía para labrar nuestro camino al cielo... bueno, estoy confundido.

Es difícil encontrar dos personas, menos aun dos culturas, que estén en la misma página con respecto a lo que *es* bueno, mucho menos *cuán* buenos debemos ser para ganarnos el cielo. Hace unos años leí un libro de un antropólogo que pasó tiempo con una tribu de Nueva Guinea que elogiaba la traición. La habilidad de ganar la confianza de alguien a fin de traicionarlo después se veía como una virtud. Es más, cuando los cristianos misioneros presentaron la historia de Jesús, los miembros de la tribu se pusieron de pie y aplaudieron cuando el que narraba la historia llegó a la parte acerca de Judas traicionando a Cristo. ¡Pensaban que Judas era el héroe de la historia!

Por el momento, no existe un verdadero consenso de la conciencia entre la humanidad. Sé lo que creo que es bueno para mí, y me encantaría si todo el mundo adoptara mi sistema de valores personales y actuara acorde a esto. Y, sin embargo, sigo chocando con las personas que insisten en operar según la manera en que *ellas* ven las cosas.

Las cosas cambian

Otro problema de confiar en nuestro sentido interno de lo bueno y lo malo a fin de que actúe como una brújula divina es que nuestra percepción de lo bueno y lo malo cambia a medida que pasa el tiempo. ¿Has notado eso? En lo que yo era dogmático en mis años veinte parece no importar tanto en mis cuarenta y tantos.

Me topé con una amiga de la escuela secundaria, Katie, a quien hacía veinte años que no veía. La última vez que nuestros caminos se cruzaron ella se iba de mudada al norte para vivir con su novio. En ese tiempo, parecía que era una decisión buena. Veinte años después, Katie me miró con lágrimas en los ojos y dijo que fue el mayor error de su vida. Incluso usó la letra P: dijo que su decisión fue un *pecado*. Katie está determinada a inculcar un sistema diferente de valores en su hija de catorce años de edad.

¿Mudarse con su novio un pecado? A los veintiún años de edad, ella no lo creía así. A los cuarenta y dos años, Katie ve las cosas de manera diferente. Por lo tanto,

¿qué es eso? Si existe un sentido interno de lo bueno y lo malo que está inculcado de manera divina en cada uno de nosotros, y es lo suficiente completo para llevarnos al cielo, ¿por qué cambia con el paso de los años? Si Katie hubiera muerto en un accidente automovilístico a los veintitrés años de edad, ¿se habría ido para el cielo? Yo no sé. Ella no lo cree así.

La iglesia en la que crecí tiene una lamentable historia de derechos civiles. A principio de la década de 1950, de ninguna manera se recibía bien allí a las personas negras. Leí en los archivos de la iglesia de un incidente que era tan increíble para mí que busqué a alguien que asistía durante esos años para confirmarlo. En efecto, un domingo por la mañana una mujer de la raza negra llegó temprano al culto. Se sentó en la tercera fila en el asiento que daba al pasillo. Solo había unas pocas personas en el santuario a esa hora. Se iban levantando, uno a uno, y se marchaban. Pronto una multitud se reunió en el vestíbulo. Los diáconos no le permitirían a nadie que entrara hasta que no resolvieran qué iban a hacer. ¡Después de una breve reunión decidieron apagar las luces! ¿Te lo puedes imaginar?

Ahora aquí está la cosa interesante: Estoy seguro de que ellos creían en sus corazones que estaban haciendo lo correcto.

Como la mujer no se marchaba, dos diáconos entraron y le pidieron que abandonara el local. Ella accedió.

Una vez que pasó la *crisis*, todo el mundo entró al santuario y comenzó el culto de adoración. Cuando el pastor y el director musical ocuparon sus lugares en la plataforma, la congregación se puso de pie y cantó:

A Dios el Padre celestial,
 Al Hijo nuestro Redentor,
Al eternal Consolador
 Unidos todos alabad.
¡Aaaaaaaaaamén!

Esos eran los hombres y las mujeres que decían amar a Dios. Sin embargo, ¿hicieron sin duda que sus valores no reflejaran los de Dios? ¿O sí lo hicieron? No lo creo. Es probable que tú tampoco.

Mencioné que hablé con una dama que estaba presente ese día. Me dijo que años más tarde, muchos de esa congregación confesaron que estaban avergonzados de la manera que actuaron ese día. Cuando el mundo cambió a su alrededor, vieron cuán equivocados estaban. Lo que consideraban como un esfuerzo por proteger su iglesia durante una etapa de sus vidas, más tarde se veía como puro racismo.

¿Mi idea? Cambiamos. Y a medida que cambiamos, nuestros valores morales y éticos cambian. Por lo tanto, ¿qué patrón usa Dios? ¿Nuestro patrón de adolescente?

¿Nuestro patrón de soltero sin compromiso? ¿Nuestro patrón de casado con hijos? ¿Nuestro patrón de demasiado viejo para preocuparse? ¿O acaso tiene Él su propio grupo de reglas que simplemente no se molestó en decírnoslas a nosotros?

¡Objeción!
Vivo en la zona de la Biblia[2]. Y por eso ahora, los lectores de la zona de la Biblia se preguntan: «¿Qué me dice de la Biblia? ¿Qué me dice de los Diez Mandamientos? ¿No nos entregó Dios la Biblia para mostrarnos cómo vivir?».

Algunas personas lo creen.

Capítulo 5

¿No sabía ella?

Mientras estaba en la facultad de Dallas, vivía en una zona bastante mala de la ciudad. Cerca de mi pequeño apartamento había una tintorería administrada por una maravillosa dama anciana llamada Phyllis. De vez en cuando lograba entablar una conversación con Phyllis que iba más allá de las recientes hazañas de los equipos de fútbol Cowboys o de los Rangers. En una ocasión, mencioné cómo a menudo me sentía inseguro en mi propio vecindario. Una cosa llevó a la otra, y al poco tiempo nos pusimos a conversar acerca de la muerte, el cielo, los ángeles y todo tipo de cosas que ninguno de los dos conocía mucho. Cuando me iba, Phyllis hizo un comentario final que dio lugar a que me detuviera y me volteara.

—Si algo me pasara —dijo ella—, sé que iría al cielo.

—¿En serio? —dije—. ¿Por qué?

—Porque cumplo los Diez Mandamientos —dijo ella.

Esto me sorprendió por lo insólito.

—Phyllis, ¿*sabe* incluso los Diez Mandamientos?

Sonrió y con timidez admitió que conocía algunos de ellos.

—¿Sabe en qué parte de la Biblia se encuentran los Diez Mandamientos? —pregunté.

—No —me respondió—, ¡pero estoy segura de que ni siquiera quebranto alguno de ellos!

Investiga

Phyllis sabía que en algún lugar de la Biblia había algunas leyes. Y suponía, como hacen muchos, que existía alguna conexión entre esas leyes y el lugar en el que una persona pasa la eternidad.

Sin embargo, el hecho es que no hay relación entre los Diez Mandamientos y el cielo. Ninguna. Nada. Cero. No existe. No tienes que aceptar lo que te digo; busca una Biblia e investiga.

Los Diez Mandamientos se encuentran en el libro de Éxodo. Libro interesante. Aun así, no existe ninguna promesa del cielo para las personas que guardan los Diez Mandamientos. En ninguna parte de Éxodo hay mención alguna de la vida después de la muerte ni de la felicidad eterna. Es más, la falta de escritos de Moisés relacionados a la vida eterna condujo al menos a un poderoso segmento de los líderes religiosos judíos, los saduceos, a no creer en la vida después de la muerte.

Los eruditos judíos, hombres que se pasaban la vida entera estudiando las Escrituras, llegaron a la conclusión de que guardar los Diez Mandamientos no le garantizaba a una persona nada más allá de esta vida. Y esta es la misma lista de reglas de conducta de las que muchos dependen para llegar al cielo.

La lista continúa

Si lees todo el libro de Éxodo, descubrirás que no solo hay diez mandamientos; existen docenas de mandamientos, la mayoría de los cuales ninguno de nosotros guarda. Y no solo hay montones de mandamientos, sino que muchos vienen con específicas consecuencias anexadas. En Éxodo 21:17, a unos pocos versículos de los Diez Principales de Dios, dice: «El que maldiga a su padre o a su madre será condenado a muerte».

Un poco extremista para mi gusto. No obstante, si en realidad estás decidido a depender de tu capacidad de guardar los mandamientos del Antiguo Testamento para la eternidad, tienes que adoptar todo el sistema, no solo las partes que son convenientes. «No mates», no amenaza demasiado mi estilo de vida, pero «No codicies la casa de tu prójimo», me golpea un poco más cerca. Sobre todo si eso incluye los muebles.

¿Mi argumento? No busques en la Biblia, mucho menos en el Antiguo Testamento, una lista de cosas que hacer para asegurar tu lugar en el cielo. Las normas son demasiado altas. Además, tienes que sacrificar un toro, una vaca o una paloma para estar bien con Dios cada vez que quebrantas un mandamiento. Los Diez Mandamientos son parte de un complicado sistema de leyes y sacrificios. Créeme, no tienes el tiempo, ni las facilidades, para abarcar todo lo necesario a fin de acercarte a Dios de esa manera.

Por lo tanto, si los Diez Mandamientos no se dieron como un medio de ganar nuestro camino al cielo, ¿cuál fue su propósito?

¿Cuál es la idea?

Ante todo, la ley del Antiguo Testamento se dio con el fin de brindar una estructura social y civil a la nación de Israel. Al igual que nosotros tenemos leyes que gobiernan nuestra sociedad, también Israel necesitaba leyes para vivir.

Cuando Moisés apareció, los israelitas llevaban cuatrocientos años de esclavitud en Egipto. No tenían leyes ni sistema de gobierno. Los esclavos no necesitan ese tipo de cosas. Una vez que se liberaron de Egipto, todo eso cambió. Así que Dios le dio a su pueblo un sistema de reglas para vivir que estaba de acuerdo con la manera en que Él pensaba que se debían conducir. Sin embargo, en ningún lugar le prometió el cielo a los que guardaban la ley. Y en ningún lugar amenazó con el infierno a los que no lo hacían. Es más, Dios no esperaba que Israel guardara la ley a la perfección. Ese es el porqué prescribió el elaborado sistema de sacrificios.

En varias ocasiones, el pueblo de Israel pasó por alto la ley de Dios y adoptó las leyes de las naciones que lo rodeaban. Cuando Israel se apartaba del camino, Dios enviaba profetas con el propósito de que le advirtieran al pueblo. No obstante, aun cuando Israel decidía obviar las advertencias de Dios, nunca amenazó con abandonar a su pueblo, ni con enviarlos al infierno.

Repito, parece que no existen secuelas eternas por guardar la ley de Dios, ni por quebrantarla. ¿Consecuencias? Sí, pero nunca la promesa del cielo ni la amenaza del infierno.

La caída

A diferencia del Antiguo Testamento, que al parecer pasa por alto los asuntos de la eternidad, el Nuevo Testamento está lleno de cosas acerca del cielo y el infierno. Sin embargo, una vez más, no encontramos ayuda en nuestra búsqueda de una norma mediante la cual nos ganemos el favor de Dios. He aquí lo que el Nuevo Testamento dice acerca de abrirnos camino hacia el cielo:

> Todos han pecado y están privados de la gloria de Dios.
> ROMANOS 3:23

> No hay un solo justo, ni siquiera uno.
> ROMANOS 3:10

> Porque la paga del pecado es muerte.
> ROMANOS 6:23

Y revisa este:

> Por tanto, nadie será justificado en presencia de Dios por hacer las obras que exige la ley; más bien, mediante la ley cobramos conciencia del pecado.
> ROMANOS 3:20

El Nuevo Testamento sí revela bien y dice lo que sugiere el Antiguo Testamento: *Nadie alcanzará a Dios siendo bueno.*

No discuto que la Biblia esté en lo cierto; solo señalo que la Biblia no ofrece ayuda en nuestra búsqueda de encontrar una lista mágica. No solo la Biblia no brinda ninguna ayuda, sino que nos desalienta en la investigación.

Capítulo 6

La curva de la calificación

Antes dije que el punto de vista de la *gente buena va* tiene varios obstáculos que despejar. El primero es que no hay un consenso universal en cuanto a qué es lo bueno y qué es lo malo. El segundo le sigue al primero.

Imagina por un instante que tú *sabes* y estás de acuerdo con una definición de lo bueno y lo malo. Imagínate que de algún modo conoces en términos divinos lo que constituye lo *bueno*. Aun si ese fuera el caso, todavía te queda el dilema de cómo estás calificado y dónde estás parado en un momento dado. Cuando mueras, ¿logras ir al cielo si tus buenas acciones constituyen setenta por ciento de todos tus actos? ¿O es con cincuenta y uno por ciento que ganas el pase de grado?

No estoy tratando de ser tonto. Si crees que la gente buena va al cielo, esta es una pregunta relevante. ¿Qué porcentaje de tus actos crees que necesitas asignar al lado positivo de la hoja de balance a fin de asegurar un espacio en el cielo? Vamos. Sigue la corriente. Haz un cálculo. ¿Nunca has pensado en esto? ¿No tienes idea? Yo tampoco. Eso se debe a que Dios no nos ha revelado esto ni a ti ni a mí.

Sin embargo, vamos a dar otro paso. Supongamos que Dios es extraordinariamente misericordioso y que solo hace falta que diez por ciento de tus actos sean buenos para entrar al cielo. Aun así, te puedes encontrar con que te falta un buen acto para poder pasar de grado. ¡Imagina eso! Pierdes el cielo debido a que te quedaste corto en hacer un acto de bondad. Para empeorar las cosas, no tienes idea de la diferencia que haría un acto de bondad porque Dios nunca se molestó en aclarar el sistema. ¿O qué si la santidad y la perfección de Dios sobrepasa su misericordia y exige que noventa por ciento de nuestros actos sean buenos? ¿O qué si Dios lo califica en una curva y la madre Teresa ha desequilibrado la curva cósmica, elevando la barra por buenos actos más allá de lo que somos capaces de hacer? De acuerdo, el cielo estaría poco poblado, ¿pero quién sabe? La madre Teresa llamaba sin cesar a los hombres y las mujeres a que salieran de su zona de comodidad a fin de que siguieran su entrega de amar a los pobres y a los oprimidos. A lo mejor Dios nos estaba hablando a través de ella. Tal vez ella conocía algo que la mayoría de nosotros pasaba por alto. Repito, no sabemos.

Mientras estamos en el estilo *qué si*, considera esto: Bajo el escenario de la *gente buena va*, te podrías simplemente quedar sin tiempo. Piensa en esto. Ahora mismo, es posible que no tengas el tiempo suficiente para hacer los buenos actos necesarios a fin de compensar los malos. Te podrían condenar por cualquier otra cosa que justo en este minuto está en el mundo que nos rodea y no lo sabes.

«Claro que no», te defiendes. Tú esperas que no. Sin embargo, no lo sabes. Yo no lo sé. Tu pastor tampoco lo sabe. Solo Dios sabe cuánto tiempo te queda, y tiene sus cartas debajo de la manga.

Si yo fuera Dios

Si Dios es bueno y la gente buena va al cielo, ¿no debía Dios mostrárselo más o menos a cada generación y darnos una versión actualizada de lo que Él espera? La bondad versión 7.0. ¿Por qué nos hace dependientes de profetas y maestros que murieron hace mil años o más? ¿Perdió Dios su voz?

A pesar de su ensordecedor silencio sobre el tema, la mayoría de nosotros se aferra a la esperanza de que la gente buena va al cielo y nosotros somos los buenos. Concedido, es reconfortante imaginar un Dios que valora nuestros puntos fuertes y pasa por alto nuestras debilidades. No obstante, ese es el Dios de nuestra imaginación, no necesariamente el Dios que existe.

¿Sabías por qué varias religiones del mundo se aferran a este punto de vista de una manera u otra? Porque no hay buenas opciones. ¿Qué otra cosa podemos creer? Si la gente buena no va, ¿quién va?

Quizá todo el mundo va al cielo. Eso sería fantástico. Sin embargo, eso significaría que la mayoría de los líderes religiosos nos han engañado durante generaciones. Y si todo el mundo va a poder ir, ¿por qué Dios no nos lo dice?

Por último, pero no menos importante

A continuación examinaremos el tercero y quizá más sorprendente obstáculo para el punto de vista de la *gente buena va*. A lo mejor te sientas tentado a cerrar el libro en alguna parte en este capítulo siguiente. Aun así, puesto que te has adentrado tanto, debes continuar. Pues como vamos a descubrir, hubo una importante figura religiosa que no creía que la gente buena va al cielo.

Capítulo 7

Mentiroso, mentiroso

Quizá el problema más desconcertante en lo emocional con el punto de vista de la *gente buena va al cielo* es que contradice las enseñanzas de Jesucristo. A decir verdad, si la gente buena va al cielo, Jesús engañó por completo a su auditorio y, al menos en una ocasión, consoló mal a un moribundo. La verdad es que Jesús enseñó todo lo contrario a lo que cree la mayoría de la gente en el mundo.

Jesús enseñó que la gente buena *no* va al cielo.

Además, enseñó que Dios no estaba intentando darle a la gente lo que merecía. Jesús dijo que lo que Dios desea con exactitud es darles a los hombres y las mujeres lo que *no* se merecen.

No solo esto era una importante desviación de las enseñanzas religiosas de su época, sino que también lo era de cualquier cosa que jamás hubiera enseñado alguien en cualquier lugar y en cualquier tiempo. Toda la idea era tan perturbadora que los líderes religiosos judíos arrestaron y crucificaron al hombre. Al fin y al cabo, uno no puede tener a alguien yendo de un sitio para otro diciendo que Dios ama a la gente mala y que la gente mala va al cielo. ¡Eso daría como resultado que cada cual haga lo que quiera sin importar la moral!

Se levantan las apuestas

Jesús hizo unas pocas cosas que sacaron de quicio a los líderes de la religión establecida. Para comenzar, declaró que incluso el mejor entre ellos no era lo suficiente bueno como para llegar a Dios por sus propios méritos.

> Porque les digo a ustedes, que no van a entrar en el reino de los cielos a menos que su justicia supere a la de los fariseos y de los maestros de la ley.
>
> Mateo 5:20

A la hora de guardar la ley, los fariseos eran las mejores personas por los alrededores. ¿Recuerdas las complicadas leyes del Antiguo Testamento que analizamos antes? En realidad, los fariseos *trataban* de hacer todas esas cosas. Era su trabajo. Eran filántropos profesionales. Su trabajo era permanecer puros delante de Dios de manera que fueran capaces de escucharlo y, por lo tanto, dirigir al pueblo de acuerdo con esto.

Se tomaban su trabajo en serio. No solo guardaban la ley que les dio Moisés, sino que incorporaban incluso más reglas a fin de garantizar que no quebrantaran por accidente las reglas de Moisés. No exagero cuando digo que esos hombres se pasaban la mayor parte de su tiempo cerciorándose que eran lo mejor de lo mejor.

Así que te imaginarás cuán contrariados estaban cuando Jesús señaló a varios de ellos en público y anunció que a menos que la justicia de una persona sobrepasara la de los más excelentes hombres de la ciudad, no se ganaría la entrada al reino de Dios. En esencia, señaló a los fariseos y dijo: «Por muy buenos que ustedes sean, no son lo suficiente buenos».

Mientras que los fariseos se alejaron enfadados, es probable que todos los demás se alejaran deprimidos. Al fin y al cabo, si sus líderes religiosos no eran lo suficiente buenos, ¿quién lo sería? El hombre y la mujer promedio no tenían el tiempo para ser buenos a tal grado. Había trabajo que hacer, niños que criar, ovejas que trasquilar. Si los fariseos no eran lo suficiente buenos para ganarse su camino de entrada al reino de Dios, nadie lo era.

Ahora detendré por un momento nuestra historia a fin de hacerte una pregunta: Si de acuerdo con Jesús los chicos que se ganaban la vida siendo buenos no eran lo suficiente buenos para el cielo, ¿qué me dices de ti? He leído esa historia al menos una docena de veces y he aquí mi conclusión: Si Jesús tenía razón, no cabe duda que no soy lo suficiente bueno. He quebrantado casi todos los Diez Mandamientos (muchas veces), y nunca he sacrificado un animal por mis pecados. ¿Y tú?

¿Puede Él hacer eso?

Otra cosa Jesús dijo que enloqueció a los líderes religiosos era decirle a la gente que sus pecados eran perdonados. Piensa en esto. La única persona que puede perdonar a alguien es la ofendida o agraviada. Tú no me pedirías que te perdonara por algo que le hiciste a tu madre. Le pedirías a tu madre que te perdone. Jesús les decía a las personas que sus pecados les eran perdonados cuando ni siquiera estaba involucrado en el conflicto. No tiene sentido.

Si esto no fuera lo bastante confuso, Él reinterpretaba la ley judía de una manera que a cualquiera le era imposible cumplirla, incluso a los fariseos.

Por ejemplo, durante su famosísimo sermón dijo: «Ustedes han oído que se dijo: "No cometas adulterio"».

Todo el mundo sabía eso. Era uno de los Diez Grandes. Sin embargo, Jesús no estaba contento con la interpretación común. Subió la apuesta:

> «Ustedes han oído que se dijo: "No cometas adulterio". Pero yo les digo que cualquiera que mira a una mujer y la codicia ya ha cometido adulterio con ella en el corazón».
>
> Mateo 5:27–28

Ahora bien, eso no es justo y, sin duda, no es razonable. Si esa es la norma, pues bien, todos somos culpables de cargo. Al menos todos los hombres.

Jesús también dijo:

«Ustedes han oído que se dijo a sus antepasados: "No mates, y todo el que mate quedará sujeto al juicio del tribunal". Pero yo les digo que todo el que se enoje con su hermano quedará sujeto al juicio del tribunal».

MATEO 5:21-22

Diciendo hablar por Dios, Jesús igualó el enojo con el asesinato. Entonces sin inmutarse, se volvía a esos que eran considerados las escorias de la sociedad y les aseguraba que tendrían un lugar reservado para ellos en el cielo. Imagínate.

¿Mi argumento? Si estás buscando a un Dios que permite que la gente buena entre en el cielo, aléjate del Nuevo Testamento. Y evita por todos los medios las enseñanzas de Jesús. Sus normas son incluso más altas que las que se encuentran en la ley del Antiguo Testamento.

Además, parece que se contradice. En un momento aseguró que la gente mala tenía un lugar reservado en el reino de Dios. Luego se volvió y le aseguró a la gente buena que no lo tenía.

Si crees que he distorsionado las enseñanzas de Jesús, investiga por ti mismo. Sin embargo, antes permíteme avanzar a un incidente que tal vez aclare mucho de lo que Él dijo.

Capítulo 8

Los tipos malos terminan primero

Un incidente en particular aportó sorprendente claridad sobre lo que Jesús creía acerca de la gente buena y el cielo.

Después de su arresto y precipitado juicio, a Jesús lo golpearon y obligaron a arrastrar su cruz hacia el lugar de la ejecución. Lucas informa que en algún punto en el camino los guardias romanos reclutaron a un transeúnte llamado Simón para que cargara la cruz de Jesús por Él, debido a que estaba demasiado débil por la pérdida de sangre para llevarla a rastras Él mismo.

Una vez que clavaron a Jesús en la cruz, Lucas narra un intercambio verbal que se llevó a cabo entre Jesús y los hombres que estaban crucificados a ambos lados de Él. Antes de que escuchemos su conversación, hay un par de cosas acerca de la crucifixión que tú debes saber. En esta época, esa forma de ejecución se consideraba la más vergonzosa y dolorosa. Un hombre sentenciado a la crucifixión lo desnudaban antes de atarlo o clavarlo a las vigas de madera, y colgaba por días en agonía antes de que al fin sucumbiera a la muerte.

Ahora con esto en mente, echemos un vistazo a lo que decían los hombres crucificados junto a Jesús una vez que reconocieron quién colgaba entre ellos:

> Uno de los criminales allí colgados empezó a insultarlo:
> —¿No eres tú el Cristo? ¡Sálvate a ti mismo y a nosotros!
> Pero el otro criminal lo reprendió:
> —¿Ni siquiera temor de Dios tienes, aunque sufres la misma condena? En nuestro caso, el castigo es justo, pues sufrimos lo que merecen nuestros delitos; éste, en cambio, no ha hecho nada malo.
> Lucas 23:39-41

¿Notas algo sobre lo que dijo el segundo criminal que es pertinente en particular para nuestra discusión? A pesar de lo horrible que era la muerte por crucifixión, el segundo criminal enseguida admitió que su vida era tan horrible que en realidad recibía lo que se merecía. «Sufrimos lo que merecen nuestros actos». En otras palabras: «Compara nuestros actos y no encontrarás ni uno solo bueno por ninguna parte».

Entonces el criminal convicto hizo lo inimaginable: Le pidió un favor a Jesús. Le pidió que tuviera misericordia de él a pesar de su despreciable vida. Dijo: «Jesús, acuérdate de mí cuando vengas en tu reino» (Lucas 23:42).

Ten presente que este hombre no estaba en la posición de regatear. No existía el «a partir de ahora», ni una nueva vuelta de hoja. La oportunidad para hacer el bien vino y se fue. Este era un muerto que hablaba. Había llegado al final de su miserable vida y no había oportunidad de rehacer el tiempo perdido. Vivió su vida exactamente de la manera que quiso, sin preocuparse por hacer lo bueno y en ese momento, a unas horas del fin, llega de repente a la religión y pide misericordia.

Ahora bien, si Jesús, como la mayoría de la gente, creía que la gente buena va al cielo y la mala no, ¿qué esperarías que le dijera al tipo que, por su propia confesión, vivió una vida que merecía tal muerte?

¿Qué le habrías dicho *tú*? ¿Qué me dices si hubiera violado a tu hermana o asesinado a tu hermano? ¿Qué me dices si hubieras quedado mutilado para siempre debido al temerario comportamiento de este hombre?

Nada de esto le importó a Jesús. Presionando sobre el clavo que horadaba su pie, para acomodarse, se las ingenió para expresar estas palabras: «Te aseguro que hoy estarás conmigo en el paraíso» (Lucas 23:43).

¿Te das cuenta de lo que esto significa? Quiere decir que Jesús no solo no creía que la gente buena fuera al cielo: ¡creía que la gente mala *sí* iba al cielo! ¡Uno de sus últimos actos antes de morir fue prometerle el paraíso a un criminal!

Imagina que fuiste a ver a este moribundo debido a lo que te hizo a ti o a tu familia. Imagina cómo te sentirías mientras colgaba allí sufriendo. Al fin se hacía justicia. Ahora imagina cuán irritado estarías al escuchar a este que se proclamaba mesías anunciar que esta inmundicia de ser humano dejaría este mundo solo para encontrarse en el paraíso.

¿Jesús no conocía *nada* de la justicia?

Es evidente que no creía que la gente buena fuera al cielo.

Actuaba según alguna otra premisa desconocida para este mundo. No es de sorprender que muchos rechazaran tomarse en serio sus enseñanzas. Le prometió a la gente precisamente lo que no se merecía. Cualquier Dios que Él vino a representar, no era el Dios que adoraba la mayoría. No era el Dios de la «gente buena».

Jesús no se mezcló bien

La razón por la que he seguido hablando sin parar acerca de Jesús es que todos los que siempre encuentro que creen en que la gente buena va al cielo tienen cosas buenas que decir sobre Él. De algún modo son capaces de mezclar sus enseñanzas y su vida con la teología que tienen sobre la *gente buena va*. Sin embargo, ambas cosas no combinan en realidad.

Ese es el porqué los líderes religiosos lo eliminaron. Jesús estaba enseñando un mensaje diferente por completo. Sus contemporáneos comprendían con exactitud lo que estaba diciendo. No ofrecía otra versión de *los tipos buenos ganan*. Establecía un nuevo orden aquí. Por lo tanto, lo crucificaron. «Ellos» eran hombres que creían con todo su corazón que la gente buena (los que guardan la ley, no los que la quebrantan) iban al cielo.

Y, sin embargo, casi todo el mundo tiene cosas buenas que decir acerca de Jesús. Cada una de las sectas principales ha adoptado partes de sus enseñanzas. Incluso Mahoma, el fundador del islam, tuvo un gran respeto por Jesús. Creía que Jesús era, en sí, un verdadero profeta de Dios. No obstante, Jesús nunca dijo que poseía el rango de profeta. Dijo que era mucho más que eso. A decir verdad, afirmó que a todos los profetas antes de su tiempo se les comisionó que prepararan el mundo para su llegada.

Bastante ego, ¿eh?

A menos, por supuesto, que tuviera razón.

Sin embargo, es posible que Jesús no tuviera razón, pues sus enseñanzas acerca del cielo contradecían las de todos los demás, antes y desde entonces.

Por lo tanto, si tú aceptas la opinión de que la gente buena va al cielo, no puedes aceptar las enseñanzas ni la persona de Cristo. Al menos, no puedes si vas a ser intelectualmente sincero.

Sé que es agradable mantener a Jesús al alcance. *Hay algo especial en Él...* Aun así, Él se niega a que lo mezclen con todas las otras religiones que, con franqueza, son fáciles de mezclar. Al fin y al cabo, tienen un común denominador: la gente buena lo hace.

Jesús, por otra parte, dijo cosas como: «Yo soy el camino, la verdad y la vida [...] Nadie llega al Padre sino por mí» (Juan 14:6).

¡Trata de mezclar *eso*!

Él no afirmó que era *un* camino a Dios, Él dijo que era *el* camino.

Contrasta eso con la sabiduría de Mahoma:

> Sin duda, los que creen y los que son judíos, y los cristianos, y los sabeos, quienquiera que cree en Alá y en el Último día y *obran bien*, tendrán su recompensa de su Señor, y no habrá temor en ellos, ni estarán tristes.
>
> LA VACA 2.62, CURSIVAS DEL AUTOR

Jesús aseveró todo lo contrario. Acepta sus enseñanzas si lo decides, pero hazlo a tu propio riesgo. Ponerse al lado de Jesús es aceptar un paradigma diferente por completo al que enseña la mayoría de las religiones.

Si hay muchos caminos a Dios, como tantos sugieren, el camino de Jesús es un mundo aparte del resto.

Recapitulación

Como llegamos al final de la primera parte del libro, resumiré lo que hemos dicho hasta ahora. Al parecer, el punto de vista de la *gente buena va al cielo* tiene varios problemas insuperables:

1. No sabemos con exactitud qué es lo *bueno*. Incluso nuestros líderes religiosos no están de acuerdo en este asunto.
2. Nuestros indicadores internos de la moral no ayudan mucho. No se ajustan de manera transcultural (ni siquiera al cruzar la calle, por este asunto). Y a medida que pasa el tiempo, tienden a cambiar nuestras definiciones del bien y el mal.
3. No tenemos ninguna indicación clara de Dios sobre cómo funciona el sistema de puntuación para las buenas obras.
4. Es difícil compaginar la idea de un Dios bueno con un sistema tan confuso y, al parecer, injusto. Esto es bien cierto a la luz de lo que está en juego.
5. No podemos usar la Biblia como un indicador para medir cuán cerca estamos de entrar. La Biblia no dice que ofrece un camino al cielo a través de buenas obras. Además, el catálogo de buenas obras que aparece en el Antiguo Testamento es irrelevante en cuanto a lo cultural e imposible de guardar en lo material.

6. Jesús les aseguró a los más religiosos de su época que no eran lo suficiente buenos para entrar al reino de Dios, mientras que les prometió a los criminales y a las prostitutas que Dios los recibiría con gusto.

Ahora es posible que seas capaz de sugerir algunos «¿Qué me dices de...?» que infunden suficiente vida a la perspectiva de la *gente buena va* a fin de mantenerla con vida un poco más de tiempo. Sin embargo, todavía te queda por preguntar y, a medida que el tiempo pasa, por preocuparte.

A propósito, ¿sabes dónde se originó la creencia de la *gente buena va*? De Dios no. Es una creencia tan antigua como la creación misma. Los antiguos hombres y mujeres creían en varios dioses que, cuando se enojaban, tenían que apaciguarlos mediante su sometimiento. Durante milenios, la gente ha tratado de encontrar una fórmula de éxito a fin de mantener los dioses (o a Dios) aplacados y felices. Esta en una creencia que no desaparecerá, a pesar de que en realidad no tiene ningún sentido.

¿Pero por qué? ¿Por qué insistimos en buscar el favor de una deidad que no tiene la decencia de hablar con claridad? ¿Por qué insistimos en esta charada?

Sencillo. No hay otras opciones buenas. Aparte de que abandonemos por completo la creencia en Dios, tal parece que no existe otro método.

Sin embargo, la cosa no es como parece.

Hay otro medio.

Segunda parte

La alternativa

Sí, existe una alternativa a la creencia de la *gente buena va*. Este es el punto de vista que mantengo, junto con casi un tercio de la población mundial.

De acuerdo con esta perspectiva, la gente *perdonada* va al cielo. Y el perdón es posible mediante la muerte sacrificial de Jesucristo.

Ahora, antes de que comiences a repasar las objeciones recicladas del cristianismo, tú mismo debes echar otro vistazo. ¿Por qué? Porque el cristianismo ofrece claras y convincentes respuestas a las preguntas que dejamos como consecuencia del enfoque hacia la eternidad de la *gente buena va*.

Capítulo 9

La historia larga, corta

El principio básico del cristianismo es que un judío llamado Jesús apareció al principio de lo que ahora se conoce como el siglo primero, hizo algunas únicas afirmaciones, realizó distintos milagros, los romanos lo crucificaron y regresó de la muerte tres días después. Sus seguidores creían que era el Mesías prometido... y más. Creían que era el único Hijo de Dios. Tomando una frase de su primo Juan, creían que Jesús era «el cordero de Dios» que vino a ofrecerse en sacrificio por los pecados de todo el mundo.

Por supuesto, solo porque ellos lo creyeran no lo hace cierto. Y solo porque Jesús decía que poseía una relación única con Dios y el hombre no necesariamente hace tampoco sus afirmaciones verdaderas. Pero, sin lugar a dudas, esto es verdad: Él era o no quien afirmaba ser.

Se da por sentado que Jesús estaba contando la verdad o la mentira. O sus seguidores dijeron de la manera que lo vieron o se inventaron esas historias. Sin embargo, la gente está renuente a adoptar cualquiera de esas opciones. Casi cada religión importante en el mundo ve a Jesús como especial, pero no lo bastante especial como Él dijo que era. Y eso en sí es interesante.

Cuando una persona afirma ser más importante de lo que es en realidad, eso casi nunca hace acopio de apoyo ni respeto. No obstante, cuando se trata de Jesús, todo el mundo hace enseguida una excepción a la regla. Él aseguró ser el único Hijo de Dios. En más de una ocasión, Jesús se igualó a Dios. Aun así, en lugar de deshacerse de Él como un lunático, muchos continúan citándolo a fin de ganar apoyo para una causa u otra.

Por lo tanto, ¿qué me dices? ¿Quién crees que era Jesús?

Esta es una pregunta importante, una para la que solo hay cuatro posibles respuestas. Una posibilidad es que Jesús mintiera sobre Él mismo. Estoy seguro de que ya ellos están en alguna parte, pero aun así todavía no he conocido a alguien que diga: «Jesucristo era un mentiroso». No sé por qué a la gente le resulta tan difícil decir eso. Si uno no acepta las afirmaciones de Cristo sobre Él mismo, eso es en realidad el único punto de vista para sustentar: Era un mentiroso.

Una segunda posibilidad es que Jesús estaba loco... que Él en verdad creía que era el propio hijo de Dios enviado aquí para morir por los pecados del mundo. Y debido a que estaba tan *convencido*, era *convincente*. Hemos visto que eso ha sucedido antes.

Una tercera posibilidad es que Jesús nunca dijo ser el Hijo de Dios. Según este punto de vista, esas palabras se añadieron a la historia después que Él murió. Esta es la más segura de todas las opciones. Con esta perspectiva, tú puedes escoger y seleccionar lo que te gusta de los dichos de Jesús sin tener que complicarte con si era o no el Hijo de Dios. En verdad, es una conveniente manera de pensar. Puedes ser respetuoso acerca de Jesús sin tenerte que someter a sus enseñanzas. Al fin y al cabo, Él solo era un hombre bueno con cosas buenas que decir acerca de un Dios bueno.

La última opción es que Él era exactamente lo que dijo ser: el Hijo de Dios que vino para quitar los pecados del mundo.

Ajustar cuentas

Existen problemas con las cuatro opciones. Si Jesús era mentiroso o engañador, ¿por qué continuaron siguiéndolo tantos después de su muerte? El verdadero Mesías no puede *morir*. Todo el mundo sabe eso. Su muerte debería haber marcado el fin. Es obvio que Él mentía o engañaba. Además, no era muy buen mesías. No solo no libertó a su nación del dominio romano, sino que dejó a Israel del mismo modo que la encontró. ¿Por qué alguien se iba a inventar esa historia acerca de su resurrección? ¿Por qué mantener vivo el sueño?

No solo sus seguidores continuaron creyendo en Él y esparcieron sus enseñanzas, sino que al final fueron arrestados y asesinados. Nadie está dispuesto a morir por una mentira. Y no se debe cometer el error de agrupar a los discípulos de Cristo con todos los valientes hombres que han dado la vida por sus causas a través de las épocas. Los seguidores de Jesús no murieron por lo que creían, murieron por lo que decían haber *visto*.

Un muerto que camina.

Cientos de miles de hombres y mujeres han muerto por un sistema de creencia. El comunismo, el capitalismo, el islamismo, la libertad... la lista es interminable. Sin embargo, los seguidores de Jesús del siglo primero murieron porque afirmaban que Él regresó a la vida. La resurrección de Jesús fue el centro de atención de su mensaje. Como un médico, un contemporáneo de ellos, lo describió: «Los apóstoles, a su vez, con gran poder seguían dando testimonio de la resurrección del Señor Jesús»[3].

La conspiración de la adición

Aunque es tentador y conveniente creer que a los Evangelios se les añadió mucho en cuanto a las enseñanzas y obras de Jesús, este es un terriblemente complejo punto de vista a sustentar y defender. Para comenzar diremos que tienes que proponer un motivo.

Después que Jesús murió, tendría que haber sido mucho más sencillo (y menos riesgoso) esparcir sus enseñanzas como los discípulos de cada una de las demás figuras religiosas que vienen y se van. Jesús era un judío, como lo era la mayoría de sus primeros seguidores. Sin duda, no intentaba comenzar una nueva religión. Es más, enfatizó y defendió las enseñanzas del Antiguo Testamento. Elimina sus afirmaciones únicas y todos sus milagros de la historia, y lo que te queda es un esfuerzo de reformar el judaísmo. No había necesidad de deificarlo ni sustentar que era un hacedor de milagros.

No había una razón convincente para añadirle algo a lo que enseñaba Jesús. En realidad, sus declaraciones únicas (al parecer añadidas después de su muerte) hacen sus enseñanzas ofensivas y difíciles de aceptar. Por ejemplo, si Jesús nunca dijo ser el único camino hacia Dios, ¿por qué sus seguidores añadirían eso cuando tal declaración desacreditaría todas las demás cosas que Él enseñó? Este es precisamente el porqué muchos de la comunidad académica actual se niegan a aceptar que Jesús afirmaba ser Dios. Quieren aferrarse con desesperación a los elementos «aceptables» de lo que enseñó, pero el asunto ese de *nadie llega al Padre sino por mí* es problemático. Por lo tanto, es más conveniente creer que nunca lo dijo. Y eso es precisamente mi opinión. ¿Por qué alguien añadiría cosas a lo que dijo Jesús si lo que se añadió le resta a la credibilidad del mensaje? No tiene sentido.

Otro problema con la creencia de que alguien añadió a la historia es que las cuatro narraciones de la vida de Jesús (los Evangelios de Mateo, Marcos, Lucas y Juan) se escribieron y diseminaron en la región donde se llevaron a cabo los sucesos en un tiempo cuando los testigos presenciales todavía estaban allí para contradecir sus afirmaciones. Si solo tuviéramos una narración de la vida de Jesús, eso levantaría sospechas sobre las historias de milagros y sus afirmaciones de divinidad. Sin embargo, no tenemos una, sino *cuatro* narraciones escritas por cuatro individuos diferentes. Mateo y Juan fueron testigos presenciales. Lucas entrevistó a testigos oculares[4]. Y Marcos pasó gran tiempo con Pedro, uno de los amigos íntimos de Jesús[5].

¿Es posible que esas cuatro personas se reunieran y fabricaran todas estas cosas? Seguro. Aun así, lee tú mismo los Evangelios. Sus historias son tan diferentes que, sin duda, no se sentaron en una habitación y compararon notas. Es más, ninguno en la comunidad académica ha tratado de entablar un caso por complicidad. Pídeles a dos personas que observaron el mismo hecho que te cuenten sus historias; no te darán narraciones idénticas, aunque habrá un acuerdo general sobre lo que pasó con un énfasis en detalles diferentes. Eso es exactamente lo que encontramos en los cuatro Evangelios.

La opción final

Esto nos lleva a la perturbadora opinión de que quizá Jesús sea quien dijo que es y que vino por las razones que dijo que vino: perdonar pecados. La complicación es que el perdón, según Jesús, no es algo que Dios otorgue sin un sacrificio. Así que basándonos en un milenio de ley judía y tradición, Jesús mismo se colocó como el sacrificio de una vez por todas por el pecado: el Cordero de Dios.

Durante más de mil años, los judíos sacrificaron animales a fin de que Dios pasara por alto sus pecados. El Antiguo Testamento era claro: El pecado requería la muerte. Dios permitió la establecida muerte de un animal para la sustitución temporal por la muerte del pecador. Sin embargo, la muerte de un cordero no borraba para siempre la culpa asociada con el pecado, solo *expiaba* o *cubría* el pecado.

Con esto en mente, miremos de nuevo esta excluyente afirmación de Jesús: «Yo soy el camino, la verdad y la vida [...] Nadie llega al Padre sino por mí»[6].

¿Cómo decía ser el *único* camino a Dios?

Debido a que era el cordero de Dios.

Se tuvo que pagar por el pecado.

Él pagó.

Alguien tiene que pagar

La necesidad de compensar o pagar un acto malo no es un concepto nuevo. De alguna manera, cada padre le ha exigido a un hijo que «pague» por un pecado. Nuestras prisiones están llenas de hombres y mujeres que están pagando por sus pecados contra la sociedad. Cuando te han agraviado o se han aprovechado de ti, es natural que quieras que te paguen por lo que han hecho. Nuestro sistema legal está invadido con casos que involucran partes que quieren que se les pague por los daños sufridos a manos de otro.

Por extraño que parezca, Dios exige el pago por los daños que *Él* ha sufrido a manos del hombre mortal. *Daños* quizá no sea la mejor palabra. No estoy seguro cómo uno dañaría a Dios. Es probable que la palabra *ofensas* sea la más apropiada. Cada uno de nosotros es culpable de cometer ofensas contra nuestro Creador. La Biblia se refiere a esas ofensas como pecado.

Ahora bien, si te ofendiste al acusarte de ofender a Dios, es comprensible. Al fin y al cabo, no eres una persona mala y es probable que pienses que no has hecho algo para ofender a propósito a Dios. Sin embargo, la Biblia dice que tú lo *has* ofendido y que tu ofensa requiere compensación. Y eso te deja en un poco de dilema. Tú puedes echar a un lado la Biblia como un anticuado libro de fábulas, o reconocer que a lo mejor Dios sabe algo que tú no sabes. Imagínate eso. Dios sabe más de lo que nosotros sabemos. ¿Quién se cree que es?

Es posible que estés teniendo dificultades en verte como la clase de persona que exige el tipo de perdón que costaría la vida del hijo de Dios. Lo admito, parece más bien extremista. Aun así, Dios hizo todo lo posible en la Biblia solo para mostrar cuán pecadores somos cada uno de nosotros y con cuánta urgencia necesitamos un salvador. Te lo ilustraré.

Pasos de bebé

Cuando Sandra y yo tuvimos nuestro primer hijo, Andrew, estábamos convencidos de que era perfecto. Ningún bebé era más lindo ni inteligente que el pequeño Andrew. Me comuniqué con la gente que publica el Diccionario *Webster* y les ofrecí permitirles que incluyeran su foto junto a la palabra *precioso* como una ilustración. Nunca recibimos respuesta.

A medida que Andrew crecía, descubrimos que a veces era necesario decirle «no». Déjame enfatizar: *a veces*. Debido a que era casi perfecto. Sin embargo, una vez que comenzamos a decir no, ocurrió la cosa más extraña: Dejó de ser tan precioso. Había algo dentro de él que no habíamos visto antes y parecía que decir *no* lo resaltaba. Dijimos no y algo cobró vida. Para nuestra consternación y horror descubrimos que Andrew tenía una veta de egoísmo. En ocasiones prefería hacer lo que él quería que lo que queríamos nosotros. Estábamos devastados.

Nuestras reglas no crearon su naturaleza egocéntrica. Aun así, no cabe duda que la reveló. Es posible que si nunca le hubiéramos puesto límites, ¿sería perfecto hasta hoy? A lo mejor no. Ejercer nuestra autoridad de padres reveló en Andrew lo que estuvo siempre allí: el deseo de hacer las cosas a su manera, a costa de nosotros.

¿Recuerdas todas las reglas del Antiguo Testamento que discutimos antes? Señalé que la ley dada por Moisés no pretendía ser una estrategia para labrar nuestro camino al cielo, sino que era más bien un medio de proveerle una estructura social y civil a la nación de Israel. Pues bien, ese no era el único propósito de la ley.

La ley se les dio también a fin de que los hombres y las mujeres se dieran cuenta del pecado que residía dentro de ellos. Cuando la nación de Israel se enfrentó a la ley de Dios, descubrieron en ellos el mismo egocentrismo que un simple «no» reveló en Andrew.

La ley no creó el pecado, pero sin duda lo reveló. Un escritor del Nuevo Testamento lo describió de esta manera: «Por tanto, nadie será justificado en presencia de Dios por hacer las obras que exige la ley; más bien, mediante la ley cobramos conciencia del pecado»[7]. Más adelante, lo hace más personal cuando escribe: «Si no fuera por la ley, no me habría dado cuenta de lo que es el pecado. Por ejemplo, nunca habría sabido yo lo que es codiciar si la ley no hubiera dicho: "No codicies"»[8].

Creo que soy un tipo bastante bueno, pero si codiciar es contra la ley de Dios, estoy en problemas. Uno de mis mejores amigos conduce un BMW R5 con accesorios de lujo que es para morirse. Y yo lo quiero. No se lo he dicho, pero lo codicio en mi corazón. Cuando el asunto es de codiciar, soy culpable todos los días. Sin embargo, nunca me di cuenta de mi culpabilidad hasta que supe que Dios me exigía que me contentara con lo que tenía.

Un nuevo sentido de necesidad

La ley nos hace dolorosamente conscientes de nuestra tendencia a hacer las cosas a nuestra manera a costa de otro. Y por muchos problemas en que nos meta nuestro egoísmo, nos seguimos doblegando a él. Asfixia el amor en los matrimonios. Separa a los padres de sus chicos adolescentes. Seduce a los hombres y las mujeres fuera de los límites del sentido común en la arena de las finanzas personales. Alimenta la ambición hasta el punto de la destrucción propia. Y después de varios milenios de experiencia humana, seguimos sin encontrar un camino para deshacernos de este tirano.

Pues bien, lo que necesitamos es la salvación. Necesitamos salvarnos, o liberarnos, de esa cosa que sigue candente dentro de nosotros. Y necesitamos ser perdonados por todo el daño que hemos causado como consecuencia de nuestro pecado. Este es el problema: la ley me condena por mi pecado, pero no hace nada para ayudarme a vencerlo. La ley me declara culpable, pero no brinda la promesa del perdón.

Nuestra única esperanza al final es que nos liberen y perdonen. La ley no brinda provisión para ninguno de los dos. Jesús, por otra parte, vino a esta tierra a liberar y a perdonar. Ningún otro en la historia documentada ha dicho ser jamás alguno de los dos, mucho menos ambos. La Biblia lo pone de esta manera:

> En efecto, la ley no pudo liberarnos porque la naturaleza pecaminosa anuló su poder; por eso Dios envió a su propio hijo en condición semejante a nuestra condición de pecadores, para que se ofreciera en sacrificio por el pecado. Así condenó Dios al pecado en la naturaleza humana[9].

Somos violadores de la ley. Quebrantamos nuestras propias leyes civiles y quebrantamos la ley de Dios. La suscripción al punto de vista de la *gente buena va* implica que necesitamos portarnos mejor. Sin embargo, el cristianismo enseña que necesitamos un salvador.

Esta es una grandísima diferencia. Y es lo que divide la fe cristiana de cada una de las otras religiones principales del mundo.

La razón de que la Biblia no nos da una lista de comportamientos que, si se guardan, nos van a garantizar un lugar en el cielo se debe a que los cuarenta y cuatro autores de la Escritura comprendieron que la humanidad necesita un salvador, un Mesías, no una lista de reglas de conducta.

Capítulo 10

Un asunto de justicia

Seré el primero en admitir que toda la cuestión del cristianismo sería mucho más agradable si no fuera tan exclusivista. *El* camino hasta *el* Dios mediante *el* único y solo Salvador... ¿cómo es posible que alguien sea tan dogmático? Como cristiano, me siento incómodo cuando me enfrento a la exclusividad de las demandas de Cristo. A un montón de cristianos le pasa lo mismo. En la superficie, todo parece en extremo injusto. Sin embargo, repito, en la superficie, el punto de vista de la *gente buena* ya parece tan *justo* que es raro que se discuta.

En caso de que te pierda durante las siguientes páginas, déjame avanzar y darte el remate para el resto de este libro: *El cristianismo es el sistema más justo posible en un mundo que es irreversiblemente injusto.*

Como veremos, es sin duda más justo que un sistema predicado que se adhiere a una lista de reglas que no lograremos encontrar, creado por un Dios que no tuvo la cortesía de explicar. Aun así, antes de que saquemos a colación el asunto de «¿Es justo el cristianismo?», necesitamos dar un vistazo a la suposición que alimenta el debate de la justicia.

Justicia y verdad

Desechar al cristianismo debido a que es injusto es suponer que algo debe ser justo para que sea verdadero. Piensa en esto. Si después de examinar las afirmaciones de Cristo concluyes que Jesús no habló la verdad porque lo que dice es injusto, estás usando la justicia como prueba para la verdad.

Para la mayoría de las personas, escoger una religión es como elegir un sabor de helado: seleccionamos el que nos gusta, el que nos acomoda, el que se ajusta a nuestro paladar. Es comprensible, pero no es muy inteligente. El asunto no es *¿Qué me gusta?*, ni *¿Cómo me criaron?*, ni *¿Qué me acomoda?* El asunto es *¿Qué es verdad?*

Me doy cuenta que a la gente no le gusta estar arrinconada y obligada a discutir religión en términos de verdad contra falso. Repito, es comprensible. No obstante, una vez que decides que la gente vive para siempre en algún lugar, estás arriesgando tu eternidad en lo que decidas creer que es verdad. Así que es completamente apropiado hablar de religión en términos de lo que es y no es verdad.

Hay que reconocer que algo puede ser del todo injusto y verdadero al mismo tiempo. Nosotros no determinamos lo que es verdad basados en si es justo o no. Mientras que es *verdad* que la pequeña Susana recibió una C, no fue sin duda justo. Y cuando la decisión del árbitro quizá fuera injusta, es bastante seguro que sucedió.

Por obvio que parezca, he hablado con docenas de personas que a la ligera echan a un lado las demandas de Cristo porque las consideran injustas. Esas personas expresan sus opiniones de diversas maneras, pero en esencia lo que dicen es: «El cristianismo es injusto; por lo tanto, no creo que es verdad». Si al final de este libro no estás convencido de que el cristianismo es *justo*, sigue sin decir nada acerca de si es *verdad* o no. La justicia no determina la verdad.

Una espada de dos filos

Para hacer justicia, déjame ser rápido en indicar que solo porque el sistema de la *gente buena va* no sea justo, eso no significa que no sea verdad. Sin embargo, hay una gran diferencia. La apelación inicial del punto de vista de la *gente buena va* es que en la superficie parece ser perfectamente justo. Aun así, según resulta, ¡no es de ningún modo justo!

¿Es verdad? Debes decidirlo por ti mismo. El problema es que hay una docena de variaciones del asunto. Existe la versión islámica, la versión de los mormones, la hindú, la ortodoxa judía y la lista continúa. Todos dicen tener *la* lista adecuada de cosas que debes hacer a fin de agradar a Dios. Y cada una dice seguir *al* profeta (o los profetas) que recibió sus enseñanzas directamente de Dios.

El cristianismo es diferente. La apelación inicial no es la justicia sino el perdón. Es más, según lo veremos, el cristianismo está basado en la premisa de que Dios ha echado a un lado la justicia y ha optado por la misericordia y la gracia en su lugar.

El juego de la carta de la justicia

La vida no es justa. La vida nunca será justa. La vida no puede ser justa.

No estoy convencido de que en realidad a alguno de nosotros le preocupe tanto como finge estar en cuanto a alguna de estas declaraciones. Cuando la gente se queja de que algo no es justo, es casi siempre una cortina de humo para ocultar la verdad de que no obtienen algo que quieren. La mayoría de nosotros anda fingiendo ser la policía de la justicia cuando, en realidad, por lo general jugamos la carta de la justicia cuando somos a quienes han tratado de manera «injusta».

Cada padre sabe que este es el caso. ¿Has conocido a algún niño que lance un desafío por recibir más de lo que merecía? Jamás espero escuchar lo siguiente en mi casa:

«¡No es justo! Mi pedazo es más grande».

«¡No es justo! Recibí más regalos que todos los demás».

«¡No es justo! La última vez me senté en el asiento delantero».

Hace un par de noches estaba sentado detrás de la malla protectora, observando cómo lanzaba mi hijo mayor, Andrew. Estaba en la cuenta máxima, tres bolas y dos *strikes*. Andrew hizo su movimiento y lanzó una bola rápida a unos diez centímetros de la esquina de afuera de la caja de bateo. Bajé la cabeza pensando que le había dado la base por bolas al bateador. Para mi sorpresa, escuché al árbitro cantar: «*¡Strike!*».

¿Qué te imaginas que hice? Me quedé sentado y susurré: «Gracias, Señor». No tuve la menor intención de saltar, asirme a la malla protectora e informar al árbitro de su malísima decisión. No exigí justicia en esta situación. Estaba contento con la misericordia. Ahora bien, como cabría esperar, el padre del bateador se sintió de modo diferente. ¿Y sabes qué? Si Andrew hubiera estado en su turno al bate y le hubiera pasado eso, me habría sentido de la misma manera. ¡Qué extraño funciona!

Raras veces dedicamos mucha emoción en exigir justicia cuando obtenemos más de lo que merecemos. Digo «raras veces» porque hay momentos cuando estamos dispuestos a ir en defensa de otros a los que han tratado con injusticia. En ocasiones, incluso estamos dispuestos a sacrificar nuestro propio tiempo y dinero por el bien de los que no lograron su cuota de justicia. Sin embargo, la mayor parte del tiempo nos contentamos con solo sentir preocupación por las personas en esas situaciones. El hecho de que tengo más de mi justa parte no me molesta hasta el punto de querer redistribuir mi riqueza entre los que no la tienen. Unos pocos dólares aquí y allá, quizá. Sin embargo, ¿redistribuir hasta el límite de poner a todo el mundo a un mismo nivel económico en igualdad de condiciones? No va conmigo.

Reconsideremos nuestras demandas

A pesar de que somos volubles en nuestras demandas por justicia, sin duda encontramos fácil exigir justicia de Dios. No obstante, eso solo se debe a nuestra aplicación torcida de la justicia. La verdad es que si te fueras a sentar y evaluar tus exigencias divinas, creo que concluirías, como yo lo he hecho, que tú en realidad no quieres que Dios sea justo. Un Dios en verdad justo te daría con exactitud lo que te mereces y nada más.

¿*En realidad* quieres que Dios te dé lo que te mereces?

Si tú crees que solo la gente buena va al cielo, la única respuesta sincera a ese asunto es: «No lo sé». ¿Por qué? Porque ninguno de nosotros sabe lo que nos merecemos; no logramos encontrar la norma por la que nos miden.

Aquí es donde el cristianismo en verdad se aparta del paquete. El Dios del cristianismo nunca afirma ser justo. Él va *más allá* de la justicia. La Biblia enseña que Él decidió no darnos lo que merecemos... eso es *misericordia*. Además, Dios decidió darnos precisamente lo que no merecemos... a eso le llamamos *gracia*.

¿Es justo el cristianismo? De ninguna manera. No obstante, si tomas la Biblia en serio, la última cosa que tú desearías es que Dios fuera justo.

Él trató ser justo una vez. Las cosas no marcharon muy bien.

El día de la justicia murió

Hace muchísimos años, la vida era justa. No duró mucho, pero hubo un tiempo en el que todas las cosas eran equitativas. Todo el mundo en la tierra tenía la misma oportunidad de tener acceso a la verdad de Dios y a descubrirla. Todo el mundo en la tierra sabía con exactitud cuál era la norma de Dios. Todo el mundo comprendía las reglas y las consecuencias por quebrantarlas. Todo el mundo tenía un significativo empleo, un lugar para vivir, un ambiente saludable para la familia. Las cosas eran perfectas. La vida era sencilla. En lugar de los Diez Mandamientos, Dios decretó solo uno. Un mandamiento. No se molestó en grabarlo en una tabla de piedra. Todo el mundo se lo sabía de memoria.

El tiempo al que me refiero se encuentra registrado para nosotros en el libro de Génesis. El jardín del Edén era un medio perfecto creado por un Dios perfecto para sus valiosas creaciones. Por razones que no vamos a analizar aquí, Dios decidió darle a la humanidad un regalo que se usaría para el bien o el mal inimaginables: el regalo de la libertad. De manera específica: la libertad de escoger.

Y para que la elección tuviera sentido, Dios les dio opciones a Adán y Eva: Obedece esta regla o desobedécela. La obediencia significaba su reconocimiento de Dios y su gratitud a Él, creador y proveedor. La desobediencia resultaría en la muerte.

Lo que pasó a continuación es de suma importancia. Me doy cuenta que toda la historia del jardín del Edén para ti quizá no sea más que un intento antiguo de explicar los orígenes de la humanidad. Sin embargo, sopórtame un momento mientras intento explicar el porqué los cristianos creen que sea mucho más. Pues en esto yace la respuesta a una pregunta que te ha asediado desde que tuviste la suficiente edad para pensar por ti mismo, una pregunta que no tiene respuesta aparte de este antiguo segmento de la historia humana.

Cuando Adán y Eva comieron del fruto prohibido, ellos, no Dios, introdujeron el pecado y todas sus consecuencias en su bueno, justo y perfecto mundo. En ese momento, la posibilidad de justicia llegó a su fin. A partir de ese día, los hombres, las mujeres y los niños se han tratado entre sí de manera injusta. Dios tenía dos opciones: Comenzar de nuevo o recurrir a la misericordia y a la gracia.

Por lo tanto, la próxima vez que te sientas frustrado con Dios por las injusticias en el mundo, o en *tu* mundo, recuerda: el cristianismo ofrece una explicación. Creemos que el actual sistema no fue el original. Es una distorsión de lo que deseaba Dios. El diseño original de Dios era del mismo modo que tú desearías: Era justo. Todo el mundo estaba en igualdad de condiciones. Todo el mundo tenía la misma oportunidad para creer y comportarse. No obstante, justo cuando Dios tenía todas las cosas de la manera que deseaba, Adán y Eva ejercieron su derecho a elegir. Y eligieron mal.

Injusto, ¿no es así? Si la Biblia es verdad, todos los días pagamos por una decisión que hicieron dos antepasados desnudos que nunca conocimos y que vivieron en un jardín del que no estamos seguros que existiera. ¿Por qué *nosotros* debemos pagar por *sus* pecados?

No lo sé. Sin embargo, lo hacemos.

Es bastante posible que algunas veces en tu vida hayas sufrido como resultado de las elecciones de otra persona. No es justo. Sin embargo, pasó. Y es probable que en este planeta existan personas agraviadas por decisiones que tú tomaste; ellas no hicieron nada para merecer el resultante dolor o pérdida, pero sus vidas quedaron marcadas para siempre.

Sandra y yo tenemos una amiga que tiene dos empleos a fin de mantener a su muchachita mientras su perezoso ex esposo callejea con sus novias en su auto nuevo. Nancy no tiene la culpa de que su esposo decidiera engañarla, pero sin duda está pagando un precio por esto.

Por lo tanto, sí, creo que a todos nos han marcado una o dos veces debido a un par de gente que jamás conocimos. ¿Pienso que esto es justo? ¡Qué va! Sin embargo, creo que es verdad. Y es una experiencia que se ha repetido entre los hombres y las mujeres desde entonces.

¿Justo para quién?

Para poner todo esto en perspectiva, creo que Dios también sufrió el día de la muerte de la justicia. A fin de desenredarnos de la red que nosotros mismos tejimos, tuvo que hacer algo muy injusto. Nos envió a su hijo a esta tierra a morir por los pecados que no había cometido.

¿Es justo el cristianismo? Sin duda, es injusto para Dios. Los cristianos creen que Dios envió a su hijo a morir por *tus* pecados y los *míos*. La justicia exigiría que muramos por nuestros propios pecados. No obstante, las buenas nuevas es que Dios optó por la gracia y la misericordia por encima de la justicia.

No sé cómo tú explicas el mal y la injusticia en el mundo. No sé qué explicación das por las cosas malas que le pasan a la gente buena. El cristianismo ofrece una explicación y una solución. La explicación es que cuando el pecado entró en el mundo, la vida se convirtió en injusta de manera irreversible. La solución es... bueno, la solución es el tema de nuestro capítulo final.

Capítulo 11

La más justa de todas

Cuando mis hijos eran pequeños, compré un *Infiniti* de segunda mano. Era el auto más bonito que jamás tuviera. Estaba en magníficas condiciones y tenía la intención de mantenerlo de esa manera. Es lamentable, pero estaba solo en mi empeño.

Un sábado por la mañana, mientras sacaba la basura, noté algo en el capó de ni auto. Me acerqué a mirar y para mi total consternación descubrí que alguien había rayado una letra *A* en la pintura. Junto a la *A* habían ensayado varias otras letras.

Estaba enojado. En pocos segundos mis dos hijos estaban parados junto a mí mientras les exigía saber quién había arañado mi auto. Por un momento hubo silencio. Luego Garret, quien tenía cinco años de edad en ese tiempo, dijo de sopetón: «Allie lo hizo».

Allie, mi más pequeña y única hija, era una grandullona de tres años y medio de edad. La llamé al garaje, le señalé mi capó y dije: «Allie, ¿tú hiciste esto?».

Me miró avergonzada y respondió: «Sí, señor, papá».

Opciones

¿Qué iba a hacer? No tenía forma de explicarle a Allie el significado de lo que había hecho y lo que me iba a costar en dólares, tiempo y molestias llevarlo a arreglar. No valía la pena decirle que ahora tenía que llevar el auto al taller, alquilar un auto y pagar por el alquiler y por la reparación. No estaba en condiciones de comprender nada de esto.

Del mismo modo sería absurdo exigir que Allie pagara por el daño. Justo, quizá, pero poco realista. ¿Qué significan doscientos o trescientos dólares para una niña de tres años de edad? Ni siquiera fijaría los números. ¿Y de dónde sacaría el dinero?

Por lo tanto, ¿qué haces tú en ese tipo de situación? ¿Romper la relación? ¿Exigir el pago? ¿Vociferar y rabiar? Por supuesto que no.

Hice la única cosa que podía hacer por alguien que amaba tanto como la amaba a ella. Me arrodillé y dije: «Allie, por favor, no hagas eso nunca más».

Ella dijo: «Sí, señor, papá». Luego me abrazó y volvió adentro.

Yo seguí amándola tanto como siempre. Y pagué por el daño que causó. No estaba preocupado por la justicia.

No era apropiado averiguar qué era justo. Lo más adecuado eran la gracia y la misericordia. Aun si esto significaba que tuviera que pagar por lo que ella hizo.

Compensación

Dios ve tu pecado como una deuda que no puedes pagar. No vale la pena pedirte que pagues. Pensar que ser bueno arreglará de algún modo las cuentas con Dios sería como la promesa de Allie de limpiar su cuarto después que se enfrentó con el daño que le hizo a mi auto. Limpiar su cuarto no me compensa. Es un lindo gesto, pero no arregla mi auto.

El cristianismo enseña que cuando el hombre pecó, Dios optó por el perdón en lugar de la imparcialidad. Optó por la gracia y la misericordia en vez de la justicia. Lo que te ofrece es más que justicia. Un escritor del Nuevo Testamento lo explicó de esta manera: «Cuando, impotentes, no teníamos medio de escape, Cristo llegó en el momento oportuno y murió por nosotros, a pesar de nuestra impiedad»[10].

«Impotentes» significa que no fuimos capaces de hacer algo por nuestra condición, estábamos sin esperanza a menos que alguien interviniera a nuestro favor. La razón de que la gente buena no va al cielo es que no hay ninguna gente buena. Solo existen pecadores. De acuerdo, algunos no son tan malos como otros. Sin embargo, desde la perspectiva de Dios, todo el mundo ha grabado unas letras en el capó del auto y no puede pagar por el daño. Todos podemos prometer mejorar y algunos de nosotros hasta subiríamos corriendo las escaleras para limpiar nuestros cuartos. Aun así, ninguno de nosotros puede compensar a Dios.

La Biblia sigue diciendo: «Pero Dios demuestra su amor por nosotros en esto: en que cuando todavía éramos pecadores, Cristo murió por nosotros»[11].

En otras palabras, mientras que nosotros tratábamos a Dios y a otros de manera injusta, Dios decidió perdonarnos y pagar Él mismo por nuestros pecados.

La gente buena no va al cielo. La gente perdonada va al cielo.

¿Qué sería más justo?

¿Es justo el cristianismo? Tendrás que decidirlo por ti mismo. He llegado a la conclusión que es más que justo. ¿Qué sería más justo que esto?

- Todo el mundo es bien recibido.
- Todo el mundo lo obtiene de la misma manera.
- Todo el mundo puede cumplir el requisito.

Estas tres declaraciones se apoyan en uno de los versículos que se cita con más frecuencia en el Nuevo Testamento:

Porque tanto amó Dios al mundo, que dio a su Hijo unigénito, para que todo el que cree en él no se pierda, sino que tenga vida eterna[12].

«Todo» incluye a cada uno que esté dispuesto. El único requisito es creer en Él. Creer significa poner la confianza en el hecho de que Jesús es el que dijo ser y que su muerte logró lo que Él dijo que lograría.

El último obstáculo
La pregunta esencial que cada uno de nosotros debe responder no es si el cristianismo es justo. La pregunta más importante es esta: «¿Es Jesús el que dijo ser?». En otras palabras: «¿Es verdad el cristianismo?».

Si después de leer este libro estás convencido de que no es así, sin duda hay que elogiarte por tu disposición en investigar la fe cristiana a pesar de tus reservas. Si aún no estás seguro, espero que sigas investigando. No obstante, si durante este breve tiempo que pasamos juntos vino a ti una luz, quiero alentarte a que hagas algo que marque este momento.

¿Dirías una sencilla oración que exprese tu gratitud a Dios por mandar a su Hijo a fin de que sea tu salvador personal? Decir una oración no te hará cristiano. Lo que te hace cristiano es poner tu fe en Cristo como tu Salvador. La oración es solo una manera de expresarle a Dios que has llegado a la conclusión de que Jesús es en sí su Hijo y tu salvador.

La siguiente oración es una muestra. Tú puedes pasarla por alto o repetirla palabra por palabra. Lo que importa es que crees que Jesús es quien dijo ser y que vas a dejar de confiar en lo que tú has hecho, o lo que harás, a fin de llegar al cielo.

Padre celestial, gracias por no ser justo. Gracias por ser misericordioso en su lugar. Creo que la verdadera justicia me separaría de ti para siempre, pues eso es lo que merezco. Gracias por enviar a Jesús a morir por mis pecados. Ahora pongo mi fe en Él como mi Salvador. Gracias por enviarlo a morir en mi lugar.

La palabra *evangelio* significa «buenas nuevas». Las buenas nuevas son que la gente buena no va al cielo, sino la gente perdonada.

Y si tú has puesto tu fe en Jesucristo como tu salvador, ¡tú eres uno de esa gente perdonada!

Si oraste esta oración por primera vez después de leer este libro y te gustaría alguna información acerca de los siguientes pasos, por favor, visita nuestro sitio

Web en www.howgoodisgoodenough.com.

Notas

1. Citado en H.A. Evan Hopkins, «Christianity—Supreme and Unique» [Cristianismo: Supremo y único], *The Inadequacy of Non-Christian Religion: A Symposium* [La ineficacia de la religión no cristiana: Un simposio], Inter-Varsity Fellowship of Evangelical Unions, Londres, 1944, p. 67.
2. Nota de la Editorial: Zona en los Estados Unidos donde impera el fundamentalismo protestante.
3. Hechos 4:33.
4. Lucas 1:1-4.
5. 1 Pedro 5:13.
6. Juan 14:6.
7. Romanos 3:20.
8. Romanos 7:7.
9. Romanos 8:3.
10. Romanos 5:6, *La Biblia al Día*, © 1979 por la Sociedad Bíblica Internacional.
11. Romanos 5:8.
12. Juan 3:16.

Acerca del Autor

Andy Stanley es un autor y orador de Atlanta, Georgia. Es el autor del prominente libro finalista en «Libro del año» *Visioneering* [Visioingeniería], así como también *Choosing to Cheat* [Escoger engañar] y *The Next Generation Leader* [El líder de la próxima generación]. Andy y su esposa Sandra, tienen dos hijos y una hija.